Klaus-Jürgen Wittig

AF176055

# Von Venedig nach Griechenland

MemoKalender2024
Aquarell und Foto

Bibliografische Information der Deutschen Nationalbibliothek
Die Deutsche Nationalbibliothek verzeichnet diese Publikation in der Deutschen
Nationalbibliografie; detaillierte bibliografische Daten sind im Internet über
www. dnb.d-nb.de abrufbar.

Impressum:
Alle Rechte vorbehalten
© 2023 Klaus-Jürgen Wittig Berlin; www.kjwittig.de
Herstellung und Verlag: BoD - Books on Demand, Norderstedt
ISBN 9 783757 815363

# Dezember/Januar

| | | |
|---|---|---|
| **Mo** | 25 1. Weihnachtstag | 52 |
| **Di** | 26 2. Weihnachtstag | |
| **Mi** | 27 | |
| **Do** | 28 | |
| **Fr** | 29 | |
| **Sa** | 30 | |
| **So** | 31 Silvester | |
| **Mo** | 1 Neujahr | 1 |
| **Di** | 2 | |
| **Mi** | 3 | |
| **Do** | 4 | |
| **Fr** | 5 | |
| **Sa** | 6 Heilige Drei Könige | |
| **So** | 7 | |

Venedig „Salute" 2021 40x30cm

# Januar

| Mo | 8 | | 2 |
|----|----|----|----|
| Di | 9 | | |
| Mi | 10 | | |
| Do | 11 | | |
| Fr | 12 | | |
| Sa | 13 | | |
| So | 14 | | |
| Mo | 15 | | 3 |
| Di | 16 | | |
| Mi | 17 | | |
| Do | 18 | | |
| Fr | 19 | | |
| Sa | 20 | | |
| So | 21 | | |

Venedig, Gondel am Canale Grande

# Januar/Februar

| Mo | 22 | | 4 |
|----|----|----|----|

| Di | 23 |
|----|----|

| Mi | 24 |
|----|----|

| Do | 25 |
|----|----|

| Fr | 26 |
|----|----|

| Sa | 27 |
|----|----|

| So | 28 |
|----|----|

| Mo | 29 | | 5 |
|----|----|----|----|

| Di | 30 |
|----|----|

| Mi | 31 |
|----|----|

| Do | 1 |
|----|----|

| Fr | 2 |
|----|----|

| Sa | 3 |
|----|----|

| So | 4 |
|----|----|

Venedig Gondeln am Markusplatz 2013, 40x30cm

# Februar

| Mo | 5 | | 6 |
|----|---|---|---|

Di  6

Mi  7

Do  8 Weiberfastnacht

Fr  9

Sa  10

So  11

| Mo | 12 Rosenmontag | | 7 |
|----|---|---|---|

Di  13 Fastnacht

Mi  14 Aschermittwoch, Valentinstag

Do  15

Fr  16

Sa  17

So  18

Venedig Rialtobrücke

# Februar/März

| | | |
|---|---|---|
| Mo | 19 | 8 |
| Di | 20 | |
| Mi | 21 | |
| Do | 22 | |
| Fr | 23 | |
| Sa | 24 | |
| So | 25 | |
| Mo | 26 | 9 |
| Di | 27 | |
| Mi | 28 | |
| Do | 29 | |
| Fr | 1 | |
| Sa | 2 | |
| So | 3 | |

Venedig Blick auf S.Giorgio Maggiore

# März

| | | |
|---|---|---:|
| Mo | 4 | 10 |
| Di | 5 | |
| Mi | 6 | |
| Do | 7 | |
| Fr | 8 | |
| Sa | 9 | |
| So | 10 | |
| Mo | 11 | 11 |
| Di | 12 | |
| Mi | 13 | |
| Do | 14 | |
| Fr | 15 | |
| Sa | 16 | |
| So | 17 | |

Venedig Canale Grande mit „Salute 2023, 30x40cm

# März

| | | |
|---|---|---|
| Mo | 18 | 12 |
| Di | 19 | |
| Mi | 20 Frühlingsanfang | |
| Do | 21 | |
| Fr | 22 | |
| Sa | 23 | |
| So | 24 Palmsonntag | |
| Mo | 25 | 13 |
| Di | 26 | |
| Mi | 27 | |
| Do | 28 Gründonnerstag | |
| Fr | 29 Karfreitag | |
| Sa | 30 Karsamstag | |
| So | 31 Ostersonntag | |

Abend in Venedig

# April

| | | |
|---|---|---|
| Mo | 1 Ostermontag | 14 |
| Di | 2 | |
| Mi | 3 | |
| Do | 4 | |
| Fr | 5 | |
| Sa | 6 | |
| So | 7 | |
| Mo | 8 | 15 |
| Di | 9 | |
| Mi | 10 | |
| Do | 11 | |
| Fr | 12 | |
| Sa | 13 | |
| So | 14 | |

Carnevale di Venezia 2018, 40x30cm

# April

| | | |
|---|---|---|
| Mo | 15 | 16 |
| Di | 16 | |
| Mi | 17 | |
| Do | 18 | |
| Fr | 19 | |
| Sa | 20 | |
| So | 21 | |
| Mo | 22 | 17 |
| Di | 23 | |
| Mi | 24 | |
| Do | 25 | |
| Fr | 26 | |
| Sa | 27 | |
| So | 28 | |

Sonnenuntergang in der Ägäis

# April/Mai

| | | |
|---|---|---|
| Mo | 29 | 18 |
| Di | 30 | |
| Mi | 1 Maifeiertag | |
| Do | 2 | |
| Fr | 3 | |
| Sa | 4 | |
| So | 5 | |
| Mo | 6 | 19 |
| Di | 7 | |
| Mi | 8 | |
| Do | 9 Christi Himmelfahrt | |
| Fr | 10 | |
| Sa | 11 | |
| So | 12 Muttertag | |

Ölbaum Fodele Kreta 2018, 40x30cm

# Mai

| Mo | 13 | | 20 |
|----|----|----|----|
| Di | 14 | | |
| Mi | 15 | | |
| Do | 16 | | |
| Fr | 17 | | |
| Sa | 18 | | |
| So | 19 Pfingstsonntag | | |
| Mo | 20 Pfingstmontag | | 21 |
| Di | 21 | | |
| Mi | 22 | | |
| Do | 23 | | |
| Fr | 24 | | |
| Sa | 25 | | |
| So | 26 | | |

Korinth Argolis Griechenland

# Mai/Juni

| | | |
|---|---|---|
| Mo | 27 | 22 |
| Di | 28 | |
| Mi | 29 | |
| Do | 30 Fronleichnam | |
| Fr | 31 | |
| Sa | 1 | |
| So | 2 | |
| Mo | 3 | 23 |
| Di | 4 | |
| Mi | 5 | |
| Do | 6 | |
| Fr | 7 | |
| Sa | 8 | |
| So | 9 | |

Naxos Griechenland 2023, 40x30cm

# Juni

| | | |
|---|---|---|
| Mo | 10 | 24 |
| Di | 11 | |
| Mi | 12 | |
| Do | 13 | |
| Fr | 14 | |
| Sa | 15 | |
| So | 16 | |
| Mo | 17 | 25 |
| Di | 18 | |
| Mi | 19 | |
| Do | 20 Sommeranfang | |
| Fr | 21 | |
| Sa | 22 | |
| So | 23 | |

Nauplia mit Insel Burzi Argolis Griechenland

# Juni/Juli

| | | |
|---|---|---|
| Mo | 24 | 26 |
| Di | 25 | |
| Mi | 26 | |
| Do | 27 | |
| Fr | 28 | |
| Sa | 29 | |
| So | 30 | |
| Mo | 1 | 27 |
| Di | 2 | |
| Mi | 3 | |
| Do | 4 | |
| Fr | 5 | |
| Sa | 6 | |
| So | 7 | |

Sonnenuntergang in der Ägäis 2023, 30x40cm

# Juli

| | | |
|---|---|---|
| Mo | 8 | 28 |
| Di | 9 | |
| Mi | 10 | |
| Do | 11 | |
| Fr | 12 | |
| Sa | 13 | |
| So | 14 | |
| Mo | 15 | 29 |
| Di | 16 | |
| Mi | 17 | |
| Do | 18 | |
| Fr | 19 | |
| Sa | 20 | |
| So | 21 | |

Mykene Löwentor Argolis Griechenland

# Juli/August

| | | |
|---|---|---|
| Mo | 22 | 30 |
| Di | 23 | |
| Mi | 24 | |
| Do | 25 | |
| Fr | 26 | |
| Sa | 27 | |
| So | 28 | |
| Mo | 29 | 31 |
| Di | 30 | |
| Mi | 31 | |
| Do | 1 | |
| Fr | 2 | |
| Sa | 3 | |
| So | 4 | |

Santorin Kykladen Griechenland 2007, 36x48cm

# August

| | | |
|---|---|---|
| Mo | 5 | 32 |
| Di | 6 | |
| Mi | 7 | |
| Do | 8 | |
| Fr | 9 | |
| Sa | 10 | |
| So | 11 | |
| Mo | 12 | 33 |
| Di | 13 | |
| Mi | 14 | |
| Do | 15 Mariä Himmelfahrt | |
| Fr | 16 | |
| Sa | 17 | |
| So | 18 | |

Akrokorinth Argolis Griechenland

# August/September

| | | |
|---|---|---|
| Mo | 19 | 34 |
| Di | 20 | |
| Mi | 21 | |
| Do | 22 | |
| Fr | 23 | |
| Sa | 24 | |
| So | 25 | |
| Mo | 26 | 35 |
| Di | 27 | |
| Mi | 28 | |
| Do | 29 | |
| Fr | 30 | |
| Sa | 31 | |
| So | 1 | |

Agia Pelagia Kreta Griechenland 2018, 30x40cm

# September

| | | |
|---|---|---|
| Mo | 2 | 36 |
| Di | 3 | |
| Mi | 4 | |
| Do | 5 | |
| Fr | 6 | |
| Sa | 7 | |
| So | 8 | |
| Mo | 9 | 37 |
| Di | 10 | |
| Mi | 11 | |
| Do | 12 | |
| Fr | 13 | |
| Sa | 14 | |
| So | 15 | |

Vivari Argolis Griechenland

# September

| | | |
|---|---|---|
| Mo | 16 | 38 |
| Di | 17 | |
| Mi | 18 | |
| Do | 19 | |
| Fr | 20 | |
| Sa | 21 | |
| So | 22 Herbstanfang | |
| Mo | 23 | 39 |
| Di | 24 | |
| Mi | 25 | |
| Do | 26 | |
| Fr | 27 | |
| Sa | 28 | |
| So | 29 | |

Naxos, Kykladen Griechenland 2023, 40x30cm

# September/Oktober

| Mo | 30 | | 40 |
|----|----|----|----|
| Di | 1 | | |
| Mi | 2 | | |
| Do | 3 Tag der Deutschen Einheit | | |
| Fr | 4 | | |
| Sa | 5 | | |
| So | 6 | | |
| Mo | 7 | | 41 |
| Di | 8 | | |
| Mi | 9 | | |
| Do | 10 | | |
| Fr | 11 | | |
| Sa | 12 | | |
| So | 13 | | |

Orthodoxe Kapelle in Nauplia Griechenland

# Oktober

| | | |
|---|---|---|
| Mo | 14 | 42 |
| Di | 15 | |
| Mi | 16 | |
| Do | 17 | |
| Fr | 18 | |
| Sa | 19 | |
| So | 20 | |
| Mo | 21 | 43 |
| Di | 22 | |
| Mi | 23 | |
| Do | 24 | |
| Fr | 25 | |
| Sa | 26 | |
| So | 27 | |

Naxos Kykladen Griechenland 2023, 30x40cm

# Oktober/November

| | | |
|---|---|---|
| Mo | 28 | 44 |
| Di | 29 | |
| Mi | 30 | |
| Do | 31 | Reformationstag |
| Fr | 1 | Allerheiligen |
| Sa | 2 | |
| So | 3 | |
| Mo | 4 | 45 |
| Di | 5 | |
| Mi | 6 | |
| Do | 7 | |
| Fr | 8 | |
| Sa | 9 | |
| So | 10 | |

Tempeltor auf Naxos Kykladen Griechenland

# November

| | | |
|---|---|---|
| Mo | 11 | 46 |

---

| | |
|---|---|
| Di | 12 |

---

| | |
|---|---|
| Mi | 13 |

---

| | |
|---|---|
| Do | 14 |

---

| | |
|---|---|
| Fr | 15 |

---

| | |
|---|---|
| Sa | 16 |

---

| | |
|---|---|
| So | 17 |

---

| | | |
|---|---|---|
| Mo | 18 | 47 |

---

| | |
|---|---|
| Di | 19 |

---

| | |
|---|---|
| Mi | 20 Buß-und Bettag |

---

| | |
|---|---|
| Do | 21 |

---

| | |
|---|---|
| Fr | 22 |

---

| | |
|---|---|
| Sa | 23 |

---

| | |
|---|---|
| So | 24 Totensonntag |

Ölbaum Kreta Griechenland 2023, 40x30cm

# November/Dezember

| | | |
|---|---|---|
| Mo | 25 | 48 |
| Di | 26 | |
| Mi | 27 | |
| Do | 28 | |
| Fr | 29 | |
| Sa | 30 | |
| So | 1 1. Advent | |
| Mo | 2 | 49 |
| Di | 3 | |
| Mi | 4 | |
| Do | 5 | |
| Fr | 6 Nikolaus | |
| Sa | 7 | |
| So | 8 2. Advent | |

Alter Ölbaum auf Kreta Griechenland

# Dezember

| | | |
|---|---|---|
| Mo | 9 | 50 |
| Di | 10 | |
| Mi | 11 | |
| Do | 12 | |
| Fr | 13 | |
| Sa | 14 | |
| So | 15 3. Advent | |
| Mo | 16 | 51 |
| Di | 17 | |
| Mi | 18 | |
| Do | 19 | |
| Fr | 20 | |
| Sa | 21 Winteranfang | |
| So | 22 4. Advent | |

Weg zur Zeus-Höhle Kreta Griechenland 2018, 48x36

# Dezember/Januar

| | | |
|---|---|---|
| Mo | 23 | 52 |
| Di | 24 Heiligabend | |
| Mi | 25 1. Weihnachtsfeiertag | |
| Do | 26 2. Weihnachtsfeiertag | |
| Fr | 27 | |
| Sa | 28 | |
| So | 29 | |
| Mo | 30 | 53 |
| Di | 31 Silvester | |
| Mi | 1 Neujahr | |
| Do | 2 | |
| Fr | 3 | |
| Sa | 4 | |
| So | 5 | |

Tiryns Argolis Griechenland